Vorwort

*Langsam wird es wieder dunkler und kälter.
Wer liebt sie nicht? Die Zeit zu Halloween?
Überall sind gruselige Kürbisgesichter zu sehen.
Um Sie auf diese schön schaurige Zeit
einzustimmen, habe ich dieses Buch entwickelt.
Hier finden Sie leckere Ideen für eine
Halloween Party, manchmal sieht es ein wenig
eklig oder gruselig aus, aber das muss ja so ein!
Kinder haben hier sicherlich viel Spaß dabei,
Ihnen mitzuhelfen. Mit dem Thermomix TM 31
ist das Ganze dann ein Kinderspiel. Man kann
aber auch mit dem TM 21 alle tollen Rezepte
nacharbeiten. Ich wünsche Ihnen viel Spaß mit
diesem Buch.*

Inhaltsangabe

Vorwort

Halloween

Vampirblut

Nachtrag zum Impressum
Copyright/ Bilderquelle

Halloween

Das Brauchtum Halloween war hauptsächlich in Irland verankert. Es diente zum Gedächtnis an die Seelen der Verstorbenen. Inzwischen ist es aber auch in Deutschland sehr beliebt, Halloween zu feiern, ganz besonders bei den Kindern.

Kurz vor Halloween wird es langsam dunkler, oft verschleiert Nebel die Natur. Man bekommt ein anderes Feeling für die Zeit des Gruselns. Die Kürbisse wachsen und schreien danach, ein hübsches Gesicht verpasst zu bekommen.

Gruselgesichter

Zutaten
100 g Butter
100 g Zucker
Mark einer Vanilleschote
2 Eier
1 Prise Salz
1 Pck. Vanillepudding
5 EL Milch
3 TL Backpulver
250 g Mehl

Dekor
1 Pck. Puderzucker
etwas heißes Wasser
evtl. Kuvertüre
Bonbons und anderes Dekor nach
Belieben

Zubereitung
Die Teigzutaten in den Mixtopf geben. Auf
Teigstufe 2 Minuten kneten. Zwei Backbleche
mit Backpapier belegen und 18 Teighäufchen
draufsetzen. Bei 200 Grad ca. 12 bis 15
Minuten backen. Aus dem Puderzucker und
dem Wasser einen Guss bereiten und auf die
noch heißen Amerikaner geben. Nach Belieben
dekorieren. Der Guss kann auch mit etwas
Lebensmittelfarbe eingefärbt werden.

Kalte Hand in Blut

Zutaten
1 Pck. Vanillepuddingpulver
½ Liter Milch
80 g Zucker
1 Glas Rote Grütze
Gummihandschuhe

Zubereitung
Das Puddingpulver mit der Milch und den Zucker in den Mixtopf geben. Auf Stufe 5/ 15 Sekunden mischen. Auf Stufe 2/ ca. 12 Minuten/ 90 Grad kochen. Nochmals für 20 Sekunden auf Stufe 5 mischen. Den Pudding in eine Schüssel füllen und etwas abkühlen lassen. Zwischenzeitlich die Handschuhe mit kaltem Wasser ausspülen. Die Handschuhe mit dem Pudding füllen und ins Gefrierfach geben. Die Grütze auf Tellern anrichten und die abgekühlte und fest gewordene Hand aus dem Handschuh lösen und auf die Grütze geben. Fertig ist die Bluthand.

Wurmpudding

Zutaten
1 Pck. Götterspeise
1 Pck. Gummibonbons Würmer
200 g Zucker

Zubereitung
1 Liter Wasser in den Mixtopf geben und ca. 17
Minuten/ Stufe 1/ 100 Grad kochen. Nun den
Zucker einwiegen und 2 Beutel Götterspeise für
1 Liter Wasser einstreuen. Nochmals auf Stufe
5/ 15 Sekunden mixen, damit sich alles löst. Die
Götterspeise in eine Puddingform füllen und
abkühlen lassen. Nun die Gummiwürmer
einrühren. Alles einen Tag in den Kühlschrank
stellen, damit alles geliert.

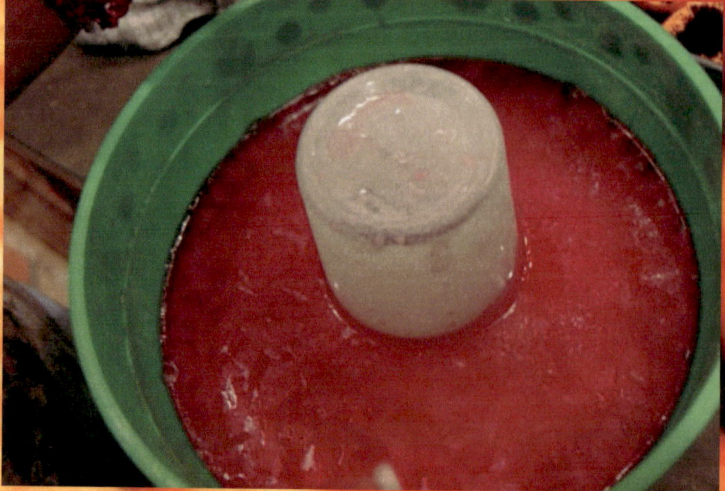

Spinnen Pudding

Zutaten
2 Pck. Vanillepudding zum
Kochen
1 Liter Milch
200 g Zucker
1 Pck. Lakritzschnecken

Zubereitung
Die Milch mit dem Zucker und den
Puddingpulver in den Mixtopf geben. Auf Stufe
5/ 30 Sekunden vermischen. Dann auf Stufe 2/
90 Grad/ ca. 14 Minuten kochen. Den Pudding
in Schälchen füllen und abkühlen lassen. Aus
den Lakritzschnüren Spinnen basteln und auf
den Pudding platzieren.

Finger Plätzchen

Zutaten
125 g gemahlene Mandeln
250 g weiche Butter
150 g Zucker
1 Pck. Vanillezucker
1 Pck. Mandelblättchen für die
Fingernägel
375 g Mehl

Zubereitung
Butter und Zucker in den Mixtopf geben. Auf Stufe 5/ 30 Sekunden schaumig rühren. Alle übrigen Zutaten außer die Mandelblättchen einwiegen und alles auf Teigstufe 1 Minute kneten. Den Teig auf einer mit Mehl ausgestreuten Fläche geben und aus dem Teig Finger formen. In jedes Nagelbett ein Mandelblättchen drücken. Die Finger auf ein mit Backpapier ausgelegtes oder eingefettetes Blech geben und bei 180 Grad ca. 18 bis 20 Minuten goldbraun backen.
Wer lieber grüne Hexenfinger möchte, gibt etwas Lebensmittelfarbe mit in den Teig.

Kürbiskekse

Zutaten
250 g Butter
150 g Kürbisfleisch gegart
230 g Zucker
3 Eier
abgeriebene Schale einer Bio Zitrone
500 g Mehl
Zubereitung
Butter, Eier und Zucker in den Mixtopf geben und auf Stufe 5/ 30 Sekunden schaumig rühren. Das Kürbisfleisch hinzugeben und nochmals auf Stufe 5/ 30 Sekunden pürieren. Nun die übrigen Zutaten in den Mixtopf einwiegen. Auf Teigstufe 2 Minuten kneten.
Den Teig auf einer mit Mehl bestäubten Arbeitsfläche geben und ausrollen. Plätzchen ausstechen und auf ein mit Backpapier ausgelegtes Blech geben. Die Plätzchen ca. 18 Minuten bei 180 Grad backen.

Kürbissuppe

Zutaten
1 Hokkaido schälen und in
Stücke schneiden
1 Liter Gemüsebrühe
2 Zwiebeln geschält
2 Knoblauchzehen geschält
1 EL Butter
Salz
Pfeffer
Muskat

Zubereitung
Zwiebeln und Knoblauch 5 Sekunden/ Stufe 2 zerkleinern. Die Butter hinzugeben. Dann auf Stufe 1/ 4 Minuten / 100 Grad anschwitzen. Die übrigen Zutaten in den Topf geben. Auf Stufe 5/ 1 Minute zerkleinern. Nun alles auf Stufe 2/ 30 Minuten/ 100 Grad kochen. Fertig ist eine sämige Suppe. Wer mag, kann noch etwas Sahne hinein geben.

Madenpizza

Zutaten
Teig
450 g Mehl
20 g Olivenöl
1 Würfel Hefe
200 g lauwarmes Wasser
1 TL Zucker
1 TL Salz

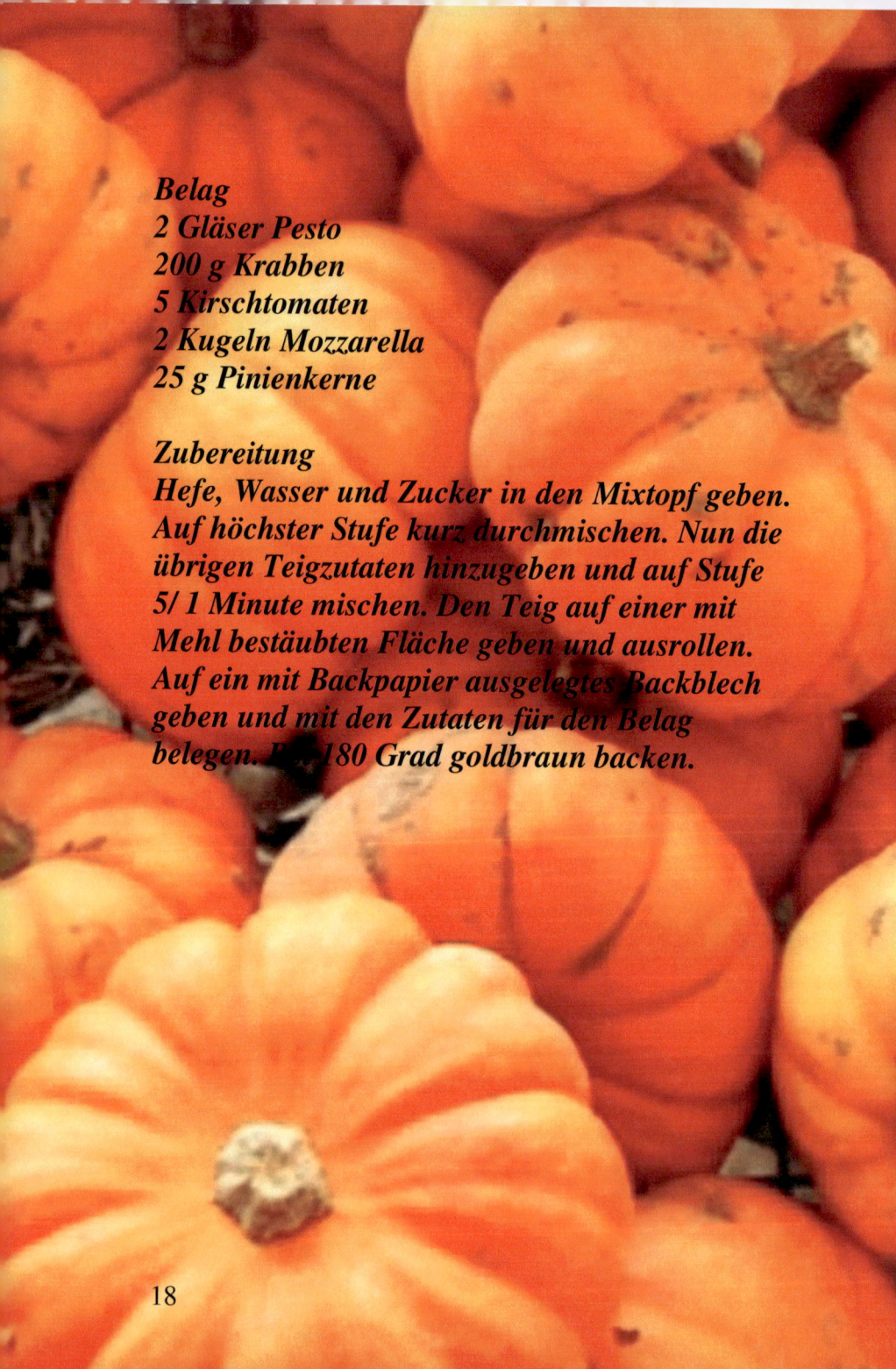

Belag
2 Gläser Pesto
200 g Krabben
5 Kirschtomaten
2 Kugeln Mozzarella
25 g Pinienkerne

Zubereitung
Hefe, Wasser und Zucker in den Mixtopf geben.
Auf höchster Stufe kurz durchmischen. Nun die
übrigen Teigzutaten hinzugeben und auf Stufe
5/ 1 Minute mischen. Den Teig auf einer mit
Mehl bestäubten Fläche geben und ausrollen.
Auf ein mit Backpapier ausgelegtes Backblech
geben und mit den Zutaten für den Belag
belegen. Bei 180 Grad goldbraun backen.

Kürbisbrot

Zutaten
300 g Kürbis geschält in Stücken
gegart
1 Würfel Hefe
2 EL Zucker
500 g Mehl
250 g lauwarmes Wasser
1 EL Butter
1 TL Salz

Zubereitung
Wasser, Zucker und Hefe in den Mixtopf geben und auf Stufe 5/ 30 Sekunden mischen. Nun die übrigen Zutaten einwiegen. Nochmals auf Stufe 5/ 30 Sekunden mischen. Danach auf Teigstufe 2 Minuten kneten, dabei eventuell den Teig mit dem Schaber nach unten schieben. Eine Fläche mit Mehl bestäuben und den Teig auf die Fläche geben. Nochmals mit den Händen gut durchkneten. Eine Brotform ausfetten und den Teig hinein geben. 40 Minuten gehen lassen. Bei 200 Grad 1 Stunde backen.

Schimmeliges Brot

Frisch gebacken

Zutaten
500 g Weizenmehl
10 g Öl
300 g lauwarmes Wasser
1 Würfel Hefe
1 TL Zucker
1 TL Salz

Lebensmittelfarbe
grün und blau

Zubereitung
Hefe, Wasser und Zucker in den Mixtopf geben.
Auf Stufe 5/ 10 Sekunden rühren. Nun die
übrigen Zutaten außer der Lebensmittelfarbe in
den Mixtopf geben. Auf Teigstufe 2 Minuten
mixen. Den Teig aus dem Mixtopf nehmen und
zum Brotlaib kneten. Auf ein mit Backpapier
ausgelegtes Blech geben und 30 Minuten gehen
lassen. Nun im Vorgeheizten Backofen 50
Minuten bei 180 Grad backen. Nun mit der
Lebensmittelfarbe Schimmelflecken auf das
Brot malen.

Gespenster

Zutaten
500 g Mehl
250 g Zucker
250 g weiche Butter
2 Eier
Abrieb der Schale einer Bio Zitrone
1 Pck. Vanille Zucker
Guss und Dekor
1 Pck. Puderzucker
etwas warmes Wasser
Lebensmittelfarbe
Essbare Schrift
Zuckerstreusel
Anderes Dekor nach Belieben

Zubereitung
Butter, Eier und Zucker in den Mixtopf geben und 30 Sekunden/ Stufe 5 schaumig schlagen. Nun die übrigen Teigzutaten hinzugeben und auf Teigstufe 1 Minute kneten. Eine Fläche mit Mehl ausstreuen und den Teig hinauf geben. Ausrollen und Kekse ausstechen. Auf ein mit Backpapier ausgekleidetes Blech geben und 18 – 20 Minuten bei 180 Grad backen. Mit Puderzucker, Lebensmittelfarbe und Wasser einen Guss bereiten und auf die noch heißen Plätzchen geben. Alles hübsch dekorieren.

Grusel Brownies

Zutaten
Teig
250 g weiche Butter
300 g Zucker
1 Pck. Vanille Zucker
4 Eier
200 g Mehl
85 g Kakaopulver
1 TL Salz
170 g Schokoladentropfen

Guss
2 Pck. Kuvertüre
Wurm-, oder Spinnenbonbons, oder
ähnliche als Gruseldekor für den Kuchen

Zubereitung
Eier, Zucker und Butter in den Mixtopf geben
und auf Stufe 5/ 30 Sekunden mixen. Die
übrigen Teigzutaten hinzugeben und auf
höchster Stufe 1 Minute mischen. Ein tiefes
Blech mit Backpapier auskleiden und den Teig
hineingießen. Den Kuchen 45 Minuten bei 180
Grad backen. Kuvertüre nach Anweisung
schmelzen und über die Brownies geben. Mit
Gummibonbons dekorieren.

Cake Pops

Zutaten

Kuchenteig
250 g Butter
180 g Zucker
1 Päckchen Vanillezucker
4 Eier
250 g Mehl
2 gestrichene TL Backpulver
20 g Sahne
40 g Bananenmilchpulver

Frosting
50 g Frischkäse
20 g weiche Butter
150 g Zucker 20 Sekunden
auf Stufe 10 zu Puderzucker mahlen
20 g Bananenmilchpulver
Lebensmittelfarbe nach Belieben
Holzspieße

Dekor
Aus 1 Pck. Puderzucker und etwas
heißes Wasser sowie orangene
Lebensmittelfarbe einen Guss bereiten und
Die Cakes hineintauchen
Kuvertüre nach Wahl
Streuzucker oder Zuckerdekor
Smarties oder Bonbons
nach Belieben

Zubereitung

Den Backofen auf 180 Grad Ober- und Unterhitze vorheizen. Eine Backform mit etwas Butter einfetten. Es werden zuerst die Zutaten für den Kuchenteig benötigt. Eier, Butter und Zucker in den Mixtopf geben. Auf Stufe 5/ 30 Sekunden schaumig rühren. Nun die übrigen Zutaten in den Mixtopf geben und auf Stufe 10 / 1 Minute luftig schlagen. Den Teig in die Kuchenform geben und ca. 45 Minuten backen. Lassen Sie den Kuchen nun erkalten. Jetzt die harten Ränder abschneiden und den Kuchen in einer Schüssel fein zerkrümeln. In den ausgespülten Mixtopf alle Zutaten für das Frosting geben und auf Stufe 2/ 1 Minute schlagen. Den zerkrümelten Teig kneten. Etwa eine walnussgroße Menge Teig nehmen und flach drücken (etwas in der Form, als wenn man Plätzchen mit einer runden Form aussticht).

In der Mitte des Teiges einen guten Esslöffel des Frostings geben und alles zu einer Kugel rollen. Die Kugeln für eine Stunde im Kühlschrank stellen. In der Zwischenzeit im Wasserbad die Kuvertüre schmelzen und die Dekor Artikel bereitstellen. Die Kugeln aus dem

Kühlschrank nehmen und in jede Kugel ein Holzspieß stecken. Dann jede Kugel in die Kuvertüre tauchen. Die Schokolade kurz etwas fester werden lassen und dann in das gewünschte Dekor tauchen. Vor dem Verzehr noch mindestens eine Stunde im Kühlschrank aushärten lassen.

Kürbismarmelade

Zutaten
1 kg Kürbis geschält und in Stücken
Saft einer Zitrone
3 Apfelsinen geschält und in Stücken
1 Pck. Gelfix 2:1
500 g Zucker

Zubereitung
Alle Zutaten in den Mixtopf geben und auf
Stufe 5/ 30 Sekunden zerkleinern. Auf Stufe 2/
100 Grad/ 20 Minuten köcheln. In saubere
Gläser füllen.

Kürbiskuchen

Zutaten
500 g Hokkaido geraspelt
270 g gemahlene Haselnüsse
200 g weiche Butter
100 g Honig
100 g Mehl
2 TL Backpulver
eine Prise Zimt
4 Eier
150 g Zucker
30 g Zitronensaft

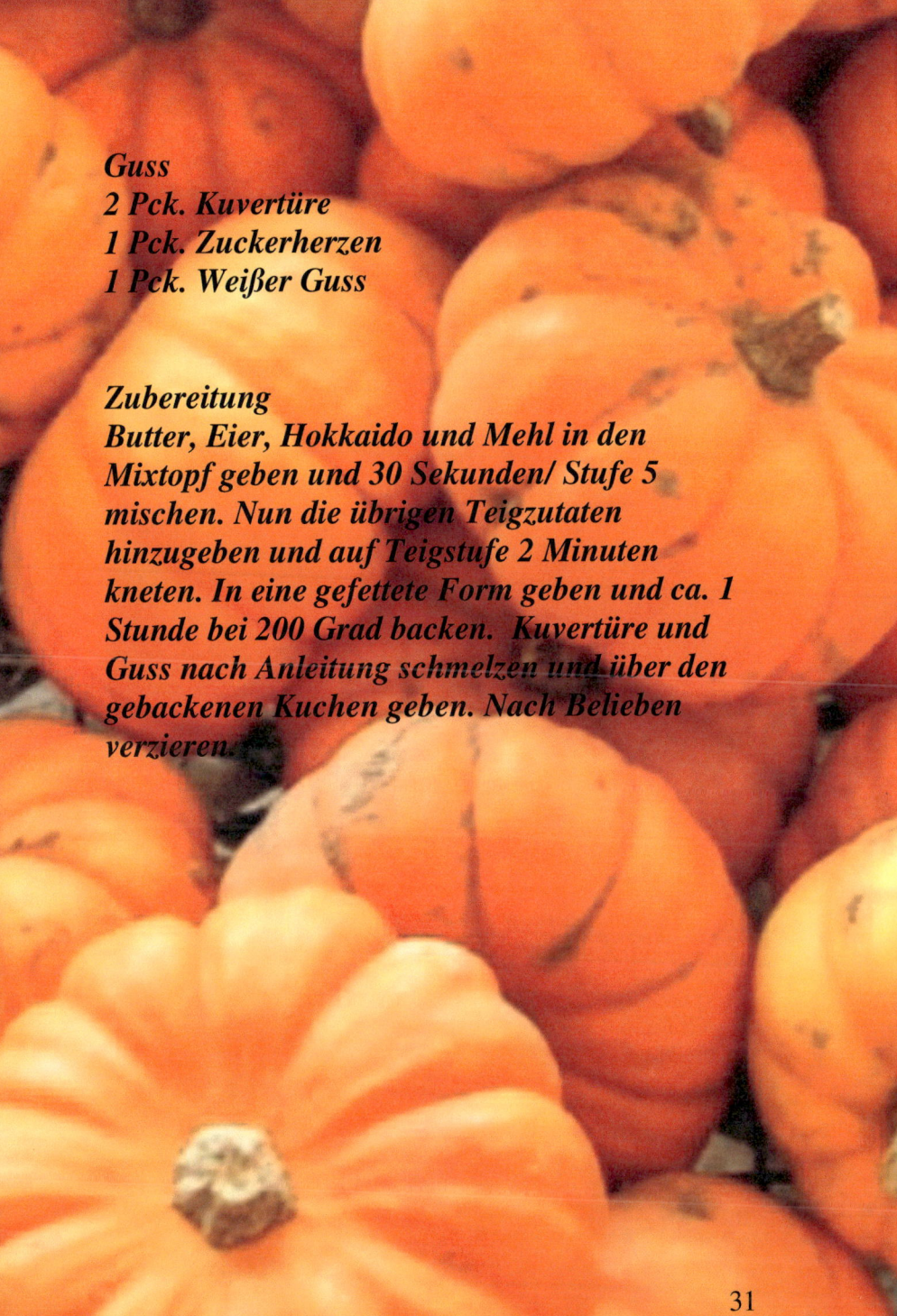

Guss
2 Pck. Kuvertüre
1 Pck. Zuckerherzen
1 Pck. Weißer Guss

Zubereitung
Butter, Eier, Hokkaido und Mehl in den
Mixtopf geben und 30 Sekunden/ Stufe 5
mischen. Nun die übrigen Teigzutaten
hinzugeben und auf Teigstufe 2 Minuten
kneten. In eine gefettete Form geben und ca. 1
Stunde bei 200 Grad backen. Kuvertüre und
Guss nach Anleitung schmelzen und über den
gebackenen Kuchen geben. Nach Belieben
verzieren.

Gewürz Kürbiscupcakes

Zutaten
Teig
280 g Mehl
1 TL Zimt
1/2 TL Muskat
1/2 TL Ingwerpulver
1/2 TL gemahlene Nelken
1/2 TL Piment
1/2 TL Salz
1 TL Backpulver
1 TL Natron
150 g Butter weich
200 g Zucker
75 g brauner Zucker
2 Eier, Zimmertemperatur
180 ml Milch
250 g Kürbisstücke gekocht
Zutaten
Frosting
250 g Frischkäse
80 g Butter
350 g Puderzucker
1 TL Vanilleextrakt
1 TL Zimt
Dekor nach Belieben
Lebensmittelfarbe nach Belieben
Kokosflocken zum Bestreuen
nach Belieben

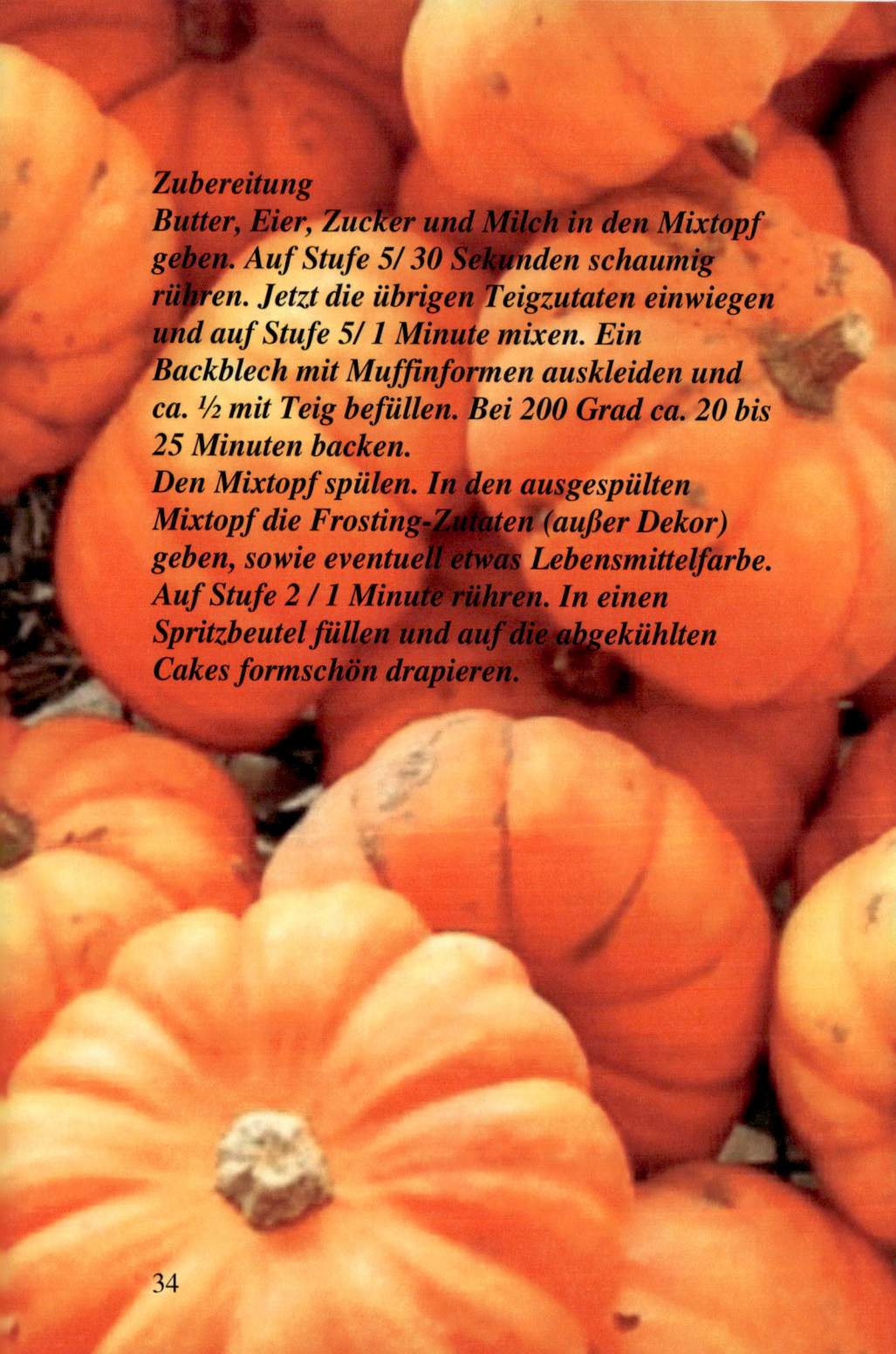

Zubereitung

Butter, Eier, Zucker und Milch in den Mixtopf geben. Auf Stufe 5/ 30 Sekunden schaumig rühren. Jetzt die übrigen Teigzutaten einwiegen und auf Stufe 5/ 1 Minute mixen. Ein Backblech mit Muffinformen auskleiden und ca. ½ mit Teig befüllen. Bei 200 Grad ca. 20 bis 25 Minuten backen.

Den Mixtopf spülen. In den ausgespülten Mixtopf die Frosting-Zutaten (außer Dekor) geben, sowie eventuell etwas Lebensmittelfarbe. Auf Stufe 2 / 1 Minute rühren. In einen Spritzbeutel füllen und auf die abgekühlten Cakes formschön drapieren.

Kürbismuffins

Zutaten
200 g Kürbisfleisch
1 Zimtstange
1 EL brauner Zucker
250 g Mehl
200 g Zucker
80 g Öl
1 Ei
100 g Apfelmus
½ TL Salz
1 Pck. Backpulver

Zubereitung
Alle Zutaten in den Mixtopf geben und auf
Stufe 5/ 30 Sekunden mischen. Auf Teigstufe
nochmals 2 Minuten kneten. Ein Muffinblech
mit Muffinförmchen auskleiden. Die Formen
zur Hälfte mit dem Teig füllen. Auf 180 Grad
im Backofen ca. 20 Minuten backen.

Schleimmuffins

Zutaten
125 g Margarine
125 g Zucker
2 Eier
1 TL Backpulver
125 g Mehl
1 Pck. Vanillezucker

Guss
1 Pck. Zuckerguss
etwas heißes Wasser

Zubereitung
Alle Zutaten für den Zeig zusammen in den Mixtopf geben und auf Stufe 5/ 1 Minute mischen. Ein Muffinblech mit Papierförmchen auskleiden und jeweils zur Hälfte mit Teig füllen. Bei 180 Grad ca. 20 Minuten backen. Aus den Zutaten für den Guss den Schleim bereiten und auf die noch heißen Muffins geben.

Zahnbowle

Zutaten
1000 g Orangensaft
1 Dose Ananasstücke
100 g Zitronensaft
1 Glas Kirschen
200 g Gebissbonbons

Zubereitung
Alles zusammen in den Mixtopf geben und auf
Stufe 2/ 15 Sekunden mixen. In eine
Bowlenschale geben.
Kurz vorm Anrichten die Bonbons hineinfüllen

Heißer Trinkschleim

Zutaten
1 Liter Milch
200 g weiße Schokolade
1 Pck. Vanillezucker

Zubereitung
Alle Zutaten in den Mixtopf geben und auf Stufe 5/ 45 Sekunden zerkleinern. Auf Stufe 2/ 90 Grad/ 14 Minuten erhitzen. Nochmals auf Stufe 5/ 15 Sekunden schaumig rühren.

Gelber Eiter

Zutaten
1 Liter Milch
200 g weiße Schokolade
1 Pck. Vanillezucker
Etwas gelbe Lebensmittelfarbe

Zubereitung
Alle Zutaten in den Mixtopf geben und auf Stufe 5/ 45 Sekunden zerkleinern. Auf Stufe 2/ 90 Grad/ 14 Minuten erhitzen. Lebensmittelfarbe hinzugeben. Nochmals auf Stufe 5/ 15 Sekunden schaumig rühren.

Dämonenkotze

Zutaten
1 Liter Milch
200 g weiße Schokolade
1 Pck. Vanillezucker
etwas grüne Lebensmittelfarbe

Zubereitung
Alle Zutaten in den Mixtopf geben und auf
Stufe 5/ 45 Sekunden zerkleinern. Auf Stufe 2/
90 Grad/ 14 Minuten erhitzen.
Lebensmittelfarbe hinzugeben. Nochmals auf
Stufe 5/ 15 Sekunden schaumig rühren.

Vampirblut

Zutaten
500 g Ginger Ale
500 g Apfelsaft
1 Flasche Orangensaft
100 g Honig
rote Lebensmittelfarbe

Zubereitung
Honig und Lebensmittelfarbe in den Mixtopf geben und auf Stufe 5 kräftig durchrühren. Die übrigen Zutaten hinzugeben und nochmals auf Stufe 5/ 15 Sekunden rühren. In ein Bowlegefäß geben.

Pixelio.de
- Richard von Lexano

Herstellung und Verlag:
BoD - Books on Demand, Norderstedt
ISBN 978-3-7357-8136-9